Impressum
Verlag: BABADADA GmbH, Nedderfeld 112 , 22529 Hamburg
Geschäftsführer / Verlagsleitung: Harald Hof
Druck: Books on Demand GmbH, In de Tarpen 42, 22848 Norderstedt

Imprint
Publisher: BABADADA GmbH, Nedderfeld 112 , 22529 Hamburg, Germany
Managing Director / Publishing direction: Harald Hof
Print: Books on Demand GmbH, In de Tarpen 42, 22848 Norderstedt, Germany

школа

xikolo

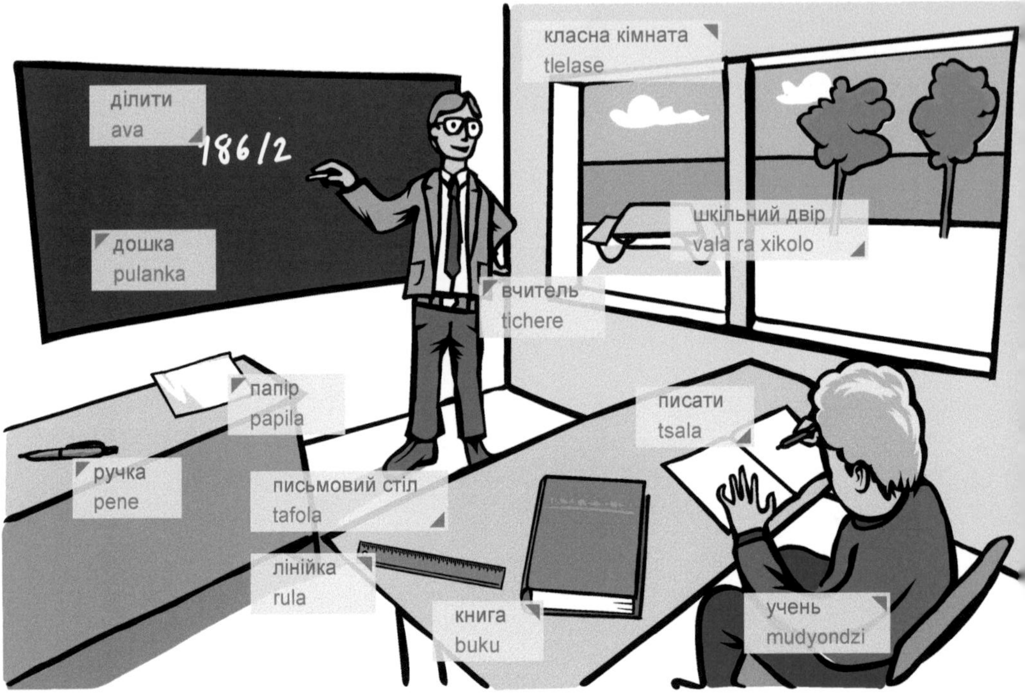
класна кімната
tlelase
ділити
ava
186/2
дошка
pulanka
шкільний двір
vala ra xikolo
вчитель
tichere
папір
papila
писати
tsala
ручка
pene
письмовий стіл
tafola
лінійка
rula
книга
buku
учень
mudyondzi

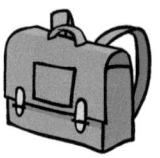

ранець

xinkwamana

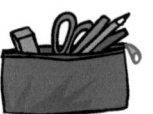

пенал

bokisi ra tipensele

олівець

pensele

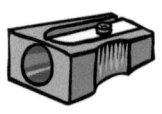

точило

muchini wo vatla tipensele

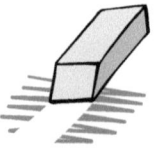

гумка

rhaba

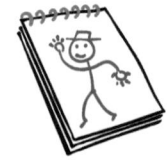

альбом для малювання

papilo ro dirowa

малюнок

xifaniso lexi diroweke

пензель

burachi ro penda

коробка фарб

bokisi ro penda

ножиці

xikero

клей

xidamarheti

зошит

buku ya xikolo

домашнє завдання

ntirho wa le kaya

12

число

nombhoro

2+2

додавати

engeta

5-2

віднімати

susa

2×2

множити

andzisa

рахувати

hlaya

A

літера

letere

ABCDEFG
HIJKLMN
OPQRSTU
VWXYZ

абетка

maletere

слово

rito

текст

rungula

читати

hlaya

крейда

choko

година

dyondzo

класний журнал

tsarisa

екзамен

xikambelo

диплом

xitifiketi

шкільна форма

swiambalo swa xikolo

освіта

dyondzo

лексикон

nsonga-vutivi

університет

univhesiti

мікроскоп

makhiriskopu

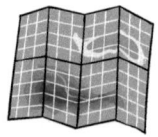

карта

mepe

кошик для паперу

xikotela xo lahla maphepha

готель
hotele

Grand

турбаза
hositele

ROOMS

обмінний пункт
ndhawu yo cinca mali

CHANGE

валіза
putumendhe

автомобіль
movha

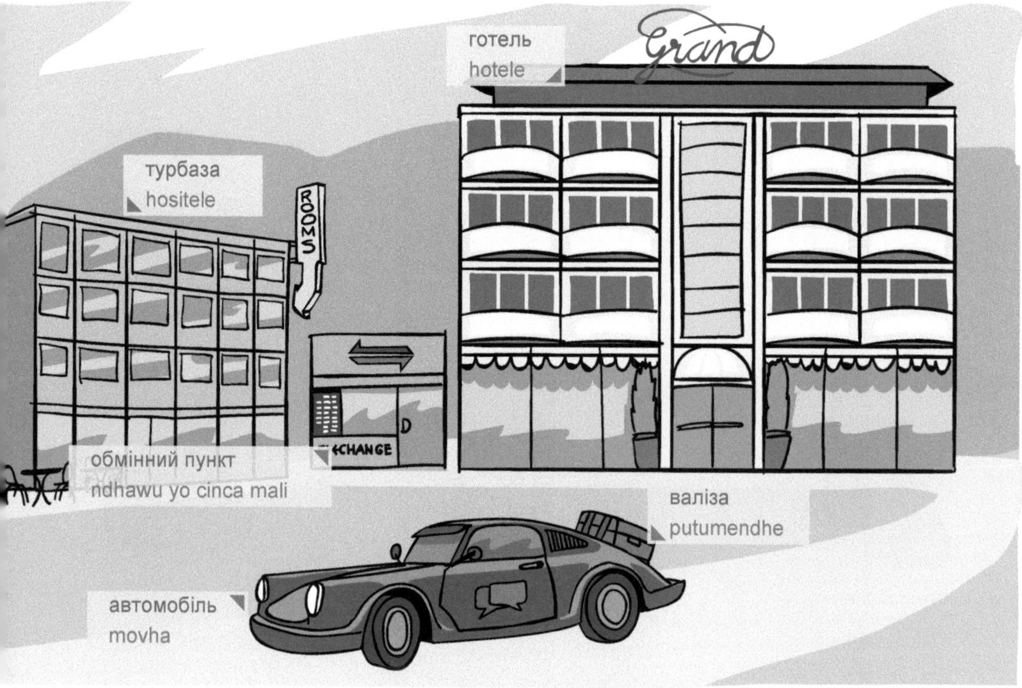

мова

ririmi

так / ні

ina / e-e

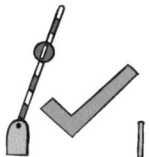

добре

Swikahle

привіт

ahe

перекладач

muhundzuluxeri

дякую

Ndza khensa

Скільки коштує ...?

ivungani...?

Я не розумію

Andzi twisisi

проблема

nkinga

Добрий вечір!

Riperile!

Доброго ранку!

Maxelo ya kahle!

На добраніч!

Vusiku bya kahle!

До побачення

sala kahle

напрямок

nkongomiso

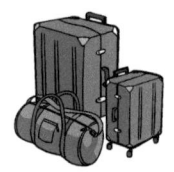

багаж

mindzhwalo

сумка

nkwama

рюкзак

nkwama

гість

muendzi

кімната

kamara

спальний мішок

nkwama wo etlela

намет

tende

туристична інформація

vuxokoxoko bya vaendzi

пляж

ribuwa

кредитна картка

khadi ra xikweleti

сніданок

xifihlulo

обід

swakudya swa ninhlekani

вечеря

swakudya swa nimadyambu

квиток

thikithi

ліфт

kheshe

поштова марка

xitempe

межа

ndzilakana

митниця

mikhuva

посольство

hovisi ya vuyimeri ya tiko

віза

visa

паспорт

pasi ro endza

транспорт

swilo swo famba

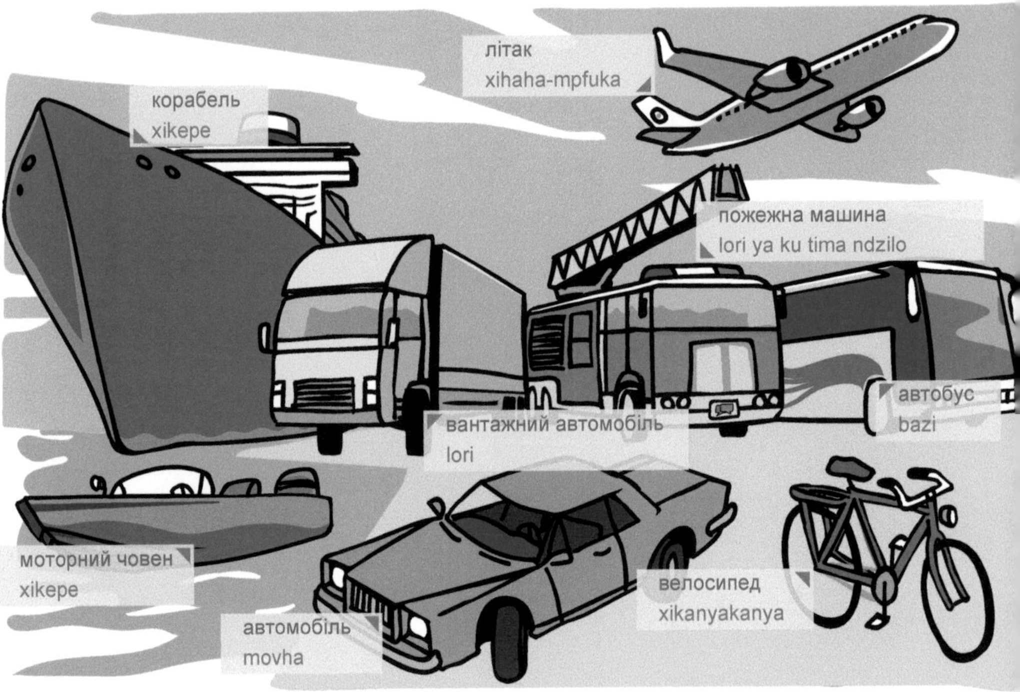
літак
xihaha-mpfuka
корабель
xikepe
пожежна машина
lori ya ku tima ndzilo
автобус
bazi
вантажний автомобіль
lori
моторний човен
xikepe
велосипед
xikanyakanya
автомобіль
movha

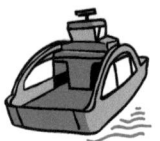

пором

xikepe

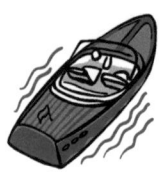

човен

xikepe

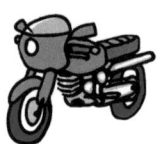

мотоцикл

xithuthuthu

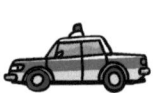

поліцейська машина

movha wa maphorisa

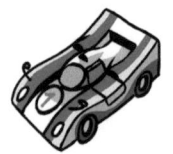

гоночний автомобіль

movha wa mphikizano

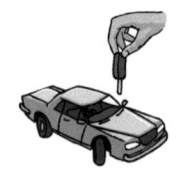

автомобіль на прокат

movha yo lombiwa

спільне користування авто

ku avelana hi movha

евакуатор

lori yo koka timovha

сміттєвоз

lori yo rhwala chaka

двигун

njhini

паливо

mafurha

автозаправна станція

ndhawu yo xavisa petirolo

дорожній знак

mpfungo wa le patwini

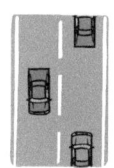

рух

mafambelo ya mimovha

затор

ntlimbano wa timovha

стоянка

phaki ya timovha

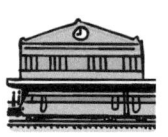

вокзал

xitichi xa xitimela

рейки

mintila

потяг

xitimela

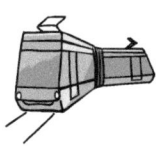

трамвай

banzi leri fambaka
exiporweni

вагон

kalichi

гелікоптер

xihaha-mpfuka-phatsa

аеропорт

rivala ra siwhaha-mpfuka

вежа

xihondzo

пасажир

mukhandziyi

контейнер

bokisi

коробка

bokisi

візок

kalichi

кошик

xirhundzi

стартувати / приземлятися

suka / tshama

місто

doroba

село

muti

центр міста

nkava wa doroba

дім

yindlu

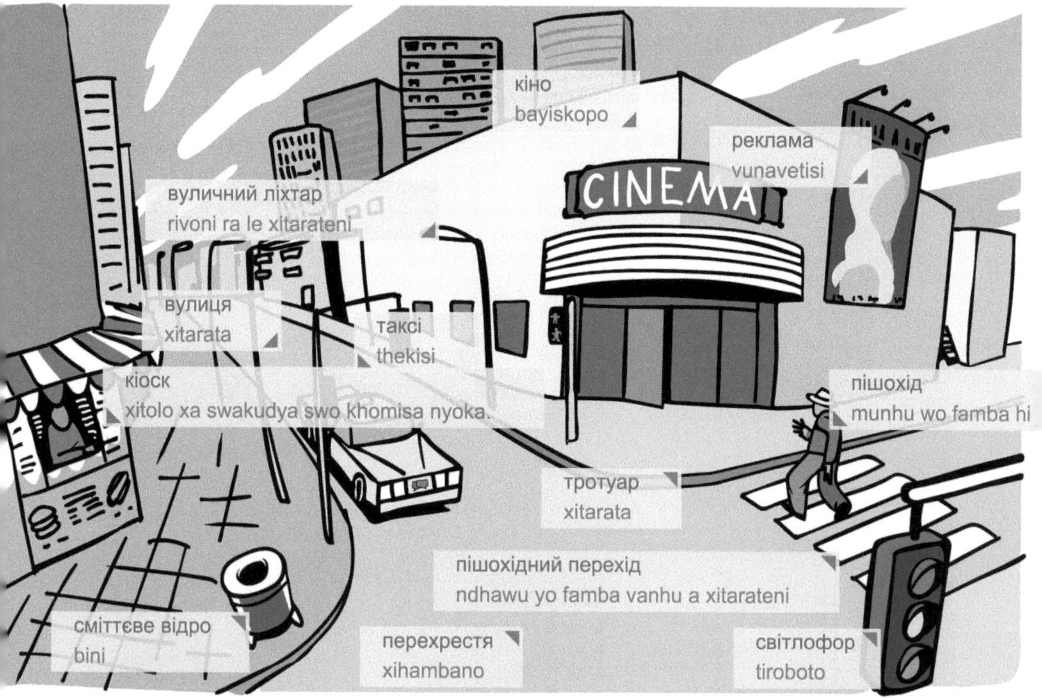

кіно
bayiskopo
реклама
vunavetisi
CINEMA
вуличний ліхтар
rivoni ra le xitarateni
вулиця
xitarata
таксі
thekisi
кіоск
xitolo xa swakudya swo khomisa nyoka.
пішохід
munhu wo famba hi
тротуар
xitarata
пішохідний перехід
ndhawu yo famba vanhu a xitarateni
сміттєве відро
bini
перехрестя
xihambano
світлофор
tiroboto

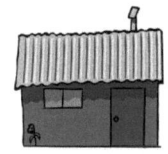

хатина

xiyindlwana xa byanyi

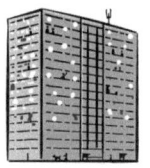

квартира

yindlu

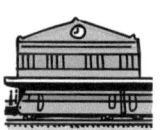

вокзал

xitichi xa xitimela

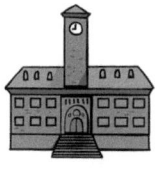

ратуша

holo ya vanhu

MUSEUM

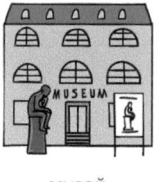

музей

muziyamu

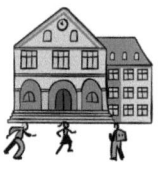

школа

xikolo

університет

univhesiti

банк

bangi

лікарня

xibedlhele

готель

hotele

аптека

xitolo xa miri

офіс

hofisi

книжковий магазин

xitolo xa tibuku

магазин

xitolo

квітковий магазин

xitolo xa swiluva

супермаркет

xitolo le xikulu swinene

ринок

makete

універмаг

xitolo le xikulu

торговець рибою

xitolo xa tinhlampfi.

торговельний центр

ndhawu ya switolo

гавань

hlaluko

парк

phaka

лава

bence

міст

buloho

сходи

switepisi

метро

ehansi ka misava

тунель

muhocho

автобусна зупинка

xitichi xa tibanzi

бар

barha

ресторан

rhesiturente

поштова скринька

bokisi ra poso

вулична табличка

mfungho wa xitarata

лічильник паркування

muchini wa mali ya ku phaka

зоопарк

ntanga wa swiharhi

басейн

damu ro xambela

мечеть

mosque

ферма
purasi

забруднення навколишнього середовища
nthyakiso

кладовище
masirha

церква
kereke

дитячий майданчик
rivala ra mintlangu

храм
tempele

ландшафт
ndhawu

листок
tluka

вказівний стовп
mfungho wa gondzo

шлях
ndlela

луг
byanyi byo tala

камінь
ribye

дерево
murhi

мандрівник
munhu wo khandziya tintshava

річка
nambu

трава
byanyi

квітка
xiluva

долина

nkova

гора

xitsunga

озеро

tiva

ліс

khwati

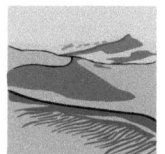

пустеля

mananga

вулкан

volkheno

замок

ntsinda

веселка

nkwangulatilo

гриб

swikowa

пальма

murhi wa nchindzu

комар

nsuna

муха

haha

мурашка

vusokoti

бджола

nyoxi

павук

puma

ландшафт - ndhawu

жук

xifufunhunu

жаба

chele

вивірка

maxindyana

їжак

nhloni

заєць

mfundla

сова

xikhova

птах

xinyenyane

лебідь

sekwa

кабан

ngluve ya nhova

олень

mhunti

лось

mhofu

гребля

damu

вітряк

xipelupelu xa moya

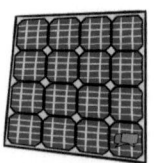

сонячний модуль

bodo leyi tswongaka kuhisa
ka dyambu

клімат

maxelo

ресторан
rhesiturente

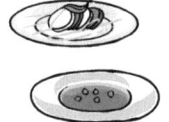

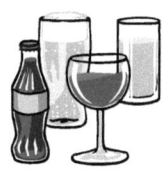

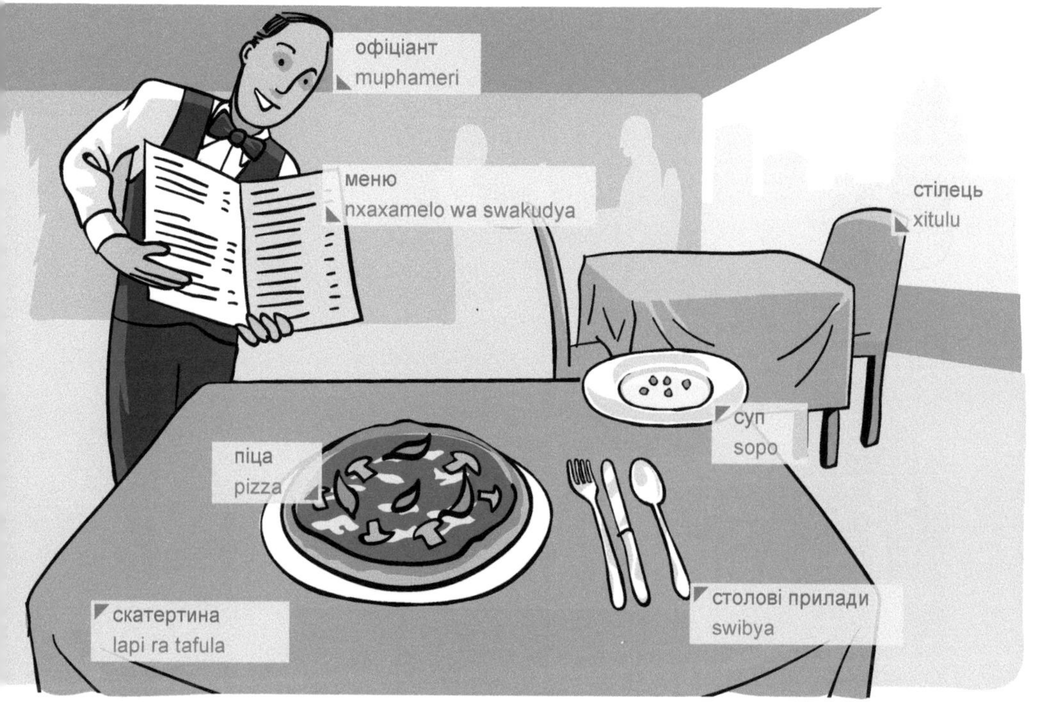

офіціант
muphameri
меню
nxaxamelo wa swakudya
стілець
xitulu
суп
sopo
піца
pizza
скатертина
lapi ra tafula
столові прилади
swibya

закуска

swakudya swa ku naveta

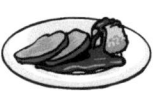

друга страва

swakudya

десерт

swo rhelerisa

напої

swakunwa

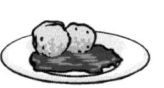

їжа

swakudya

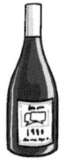

пляшка

bodlhela

фаст-фуд

swakudya swa xihatla

вулична їжа

swakudya swa le ndleleni

чайник

mbita ya tiya

цукорниця

xibye xa chukela

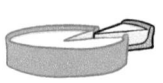

порція

xiphemu

еспресо-машина

muchini wa espresso

високий стільчик

xitulu xa le henhla

рахунок

swikweleti

піднос

thireyi

ніж

mukwana

вилка

foroko

ложка

lepula

чайна ложка

xilepulana

серветка

phepha ro sula nomu

склянка

nghilazi

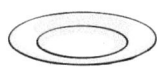

тарілка

pleti

тарілка для супу

pleti ya sopo

блюдце

sosara

соус

murhu

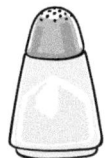

солонка

xilo xo chele munyu

млин для перцю

xilo xo gaya

оцет

vhiniga

масло

mafurha

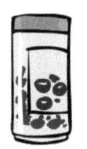

спеції

swinyunyeteri

кетчуп

ketchup

гірчиця

mustard

майонез

mayonasi

супермаркет

xitolo le xikulu swinene

пропозиція
nyiko yo hlawuleka
FOR
клієнт
muxavi
молочні продукти
ntsamba
фрукти
mihandzu
візок для покупок
xikocikara

BUTCHERS

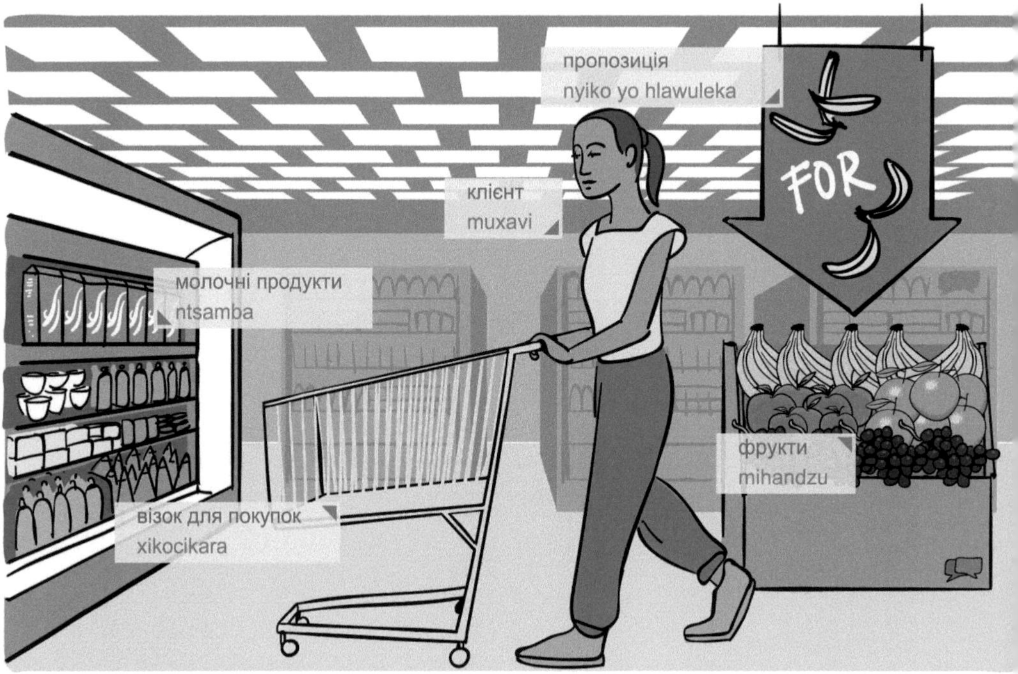

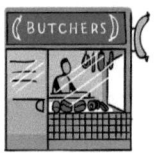

м'ясний магазин

buchara

BAKERY

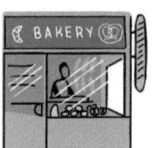

пекарня

bekari

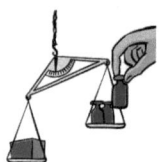

зважувати

ringanyeta

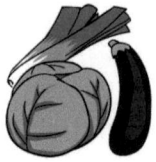

овочі

swimila

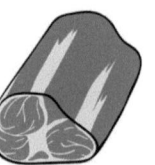

м'ясо

nyama

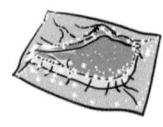

заморожені продукти

swakudya swo titimela

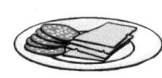

ковбасна нарізка

nyama

консерви

swakudya leswi nga thinini

пральний порошок

mapa yo hlanswa

солодощі

malekere

предмети домашнього побуту

switirhisiwa swa le ndlwini

мийний засіб

swilo swo basisa

продавщиця

munhu wo xavisa

каса

thili

касир

muamukeli wa timali

список покупок

xaxamelo wa swo xaviwa

часи роботи

nkarhi wa ku tirha

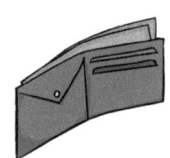

гаманець

nkwama wa mali

кредитна картка

khadi ra xikweleti

сумка

nkwama

поліетиленовий пакет

nkwama wa pulasitiki

вода

mati

сік

ntsutsu

молоко

meleke

кола

coke

вино

vhinyo

пиво

byalwa

алкоголь

byala

какао

cocoa

чай

tiya

кава

kofi

еспресо

espresso

капучіно

cappuccino

банан

banana

яблуко

apula

апельсин

lamula

кавун

kalabatla

лимон

swiri

морква

kherotsi

часник

swinyalana

бамбук

musengele

цибуля

nyala

гриб

swikowa

горішки

timanga

локшина

makaroni ya nyama

спагеті

spaghetti

рис

rhayisi

салат

saladi

картопля фрі

machipisi

смажена картопля

nhlata wo katingiwa

піца

pizza

гамбургер

hamburger

бутерброд

xinkwa

шніцель

cutlet

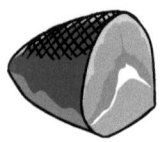

шинка

ham

салямі

salami

ковбаса

soseji

курка

huku

печеня

katinga

риба

hlampfi

вівсяні пластівці

oats

мюслі

muesli

кукурудзяні пластівці

rivele-ndzoho

борошно

filawa

круасан

bantsi

булочка

xinkwa

хліб

xinkwa

тостовий хліб

xinkwa xo oxiwa

печиво

makokisi

масло

botere

сир

ribomba ra tswamba

пиріг

khekhe

яйце

tandza

яєчня

matandza lama katingiweke

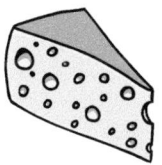

сир

chizi

морозиво
....
ayisi khrimi

цукор
....
chukela

мед
....
vulombe

мармелад
....
jamu

нуга-крем
....
botere ya chokoleti

карі
....
curry

ферма

purasi

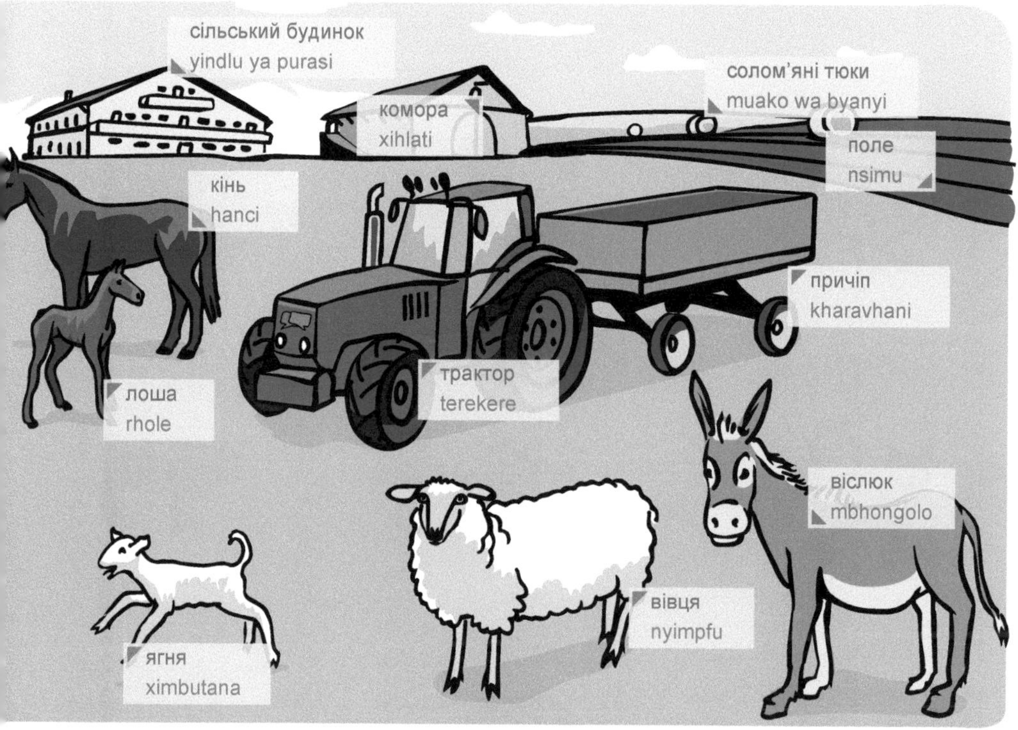

сільський будинок
yindlu ya purasi
комора
xihlati
солом'яні тюки
muako wa byanyi
поле
nsimu
кінь
hanci
причіп
kharavhani
трактор
terekere
лоша
rhole
віслюк
mbhongolo
вівця
nyimpfu
ягня
ximbutana

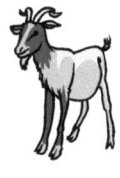

коза
mhunti

корова
homu

теля
rhole

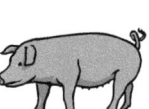

свиня
nguluve

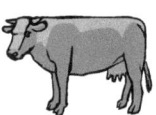

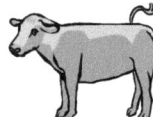

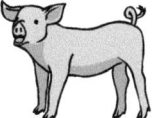

порося
xingulubyana

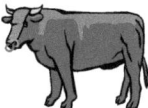

бик
nkuzi

гусак

sekwa

качка

sweka

курча

xikukwana

курка

mbhaha

півень

nkuku

щур

kondlo

кіт

ximanga

миша

kondlo

віл

homu

собака

mbyana

собача будка

yindlu ya mbyana

садовий шланг

payipi ya mati

лійка

xilo xo chelela mati

коса

nsimbi yo tsema

плуг

xikomu

серп
sikele

мотика
xikomu

вила
foroko le yikulu

сокира
xihloka

тачка
bara

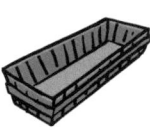

корито
xitsengele

бідон молока
xilo xo chela ntswamba

мішок
saka

паркан
rirhangu

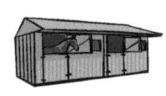

хлів
xivala

теплиця
yindlu ya vuhlayiselo bya
swimilana

ґрунт
misava

насіння
mbewu

добриво
swinonisi

комбайн
muchini wa ku tshovela

пожинати

tshovela

урожай

ntshovelo

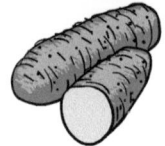

корінь ямсу

mintsumbula

пшениця

koroni

соя

tinyawa

картопля

nhlata

кукурудза

koroni

ріпак

rapeseed

плодове дерево

nsinya wa mihandzu

маніок

ntsumbula

злаки

swakudya swa tidzoho

дім

yindlu

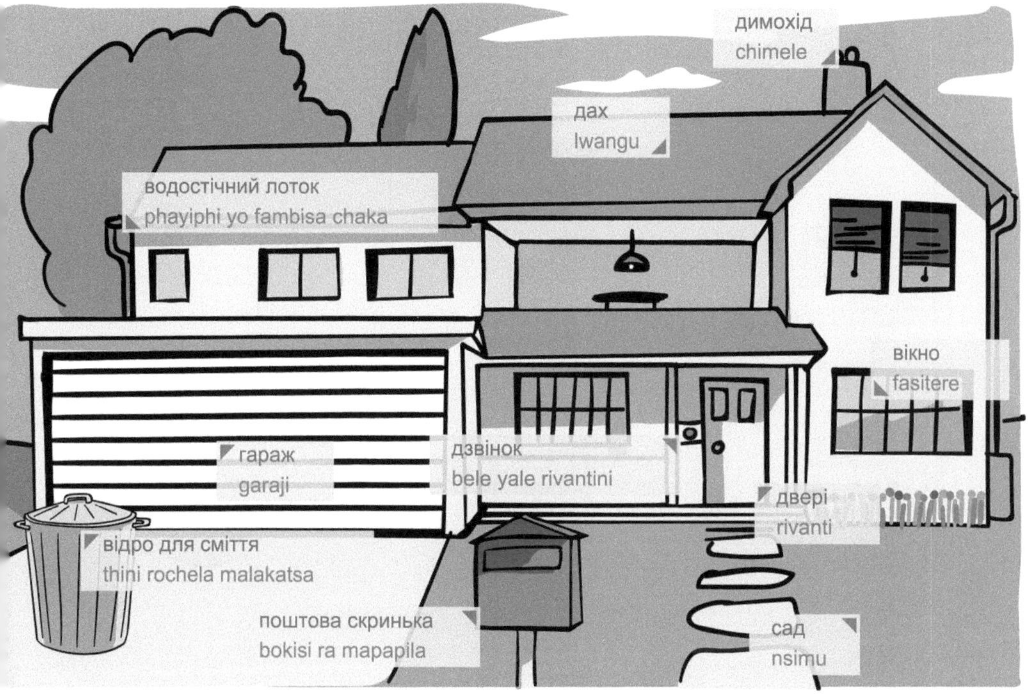
димохід
chimele
дах
lwangu
водостічний лоток
phayiphi yo fambisa chaka
вікно
fasitere
гараж
garaji
дзвінок
bele yale rivantini
двері
rivanti
відро для сміття
thini rochela malakatsa
поштова скринька
bokisi ra mapapila
сад
nsimu

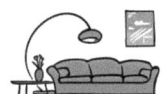

вітальня

kamara ro tshama

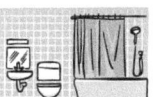

ванна кімната

kamara yo hlambela

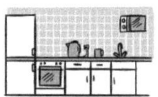

кухня

khishini

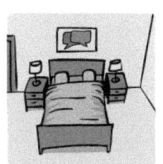

спальня

kamera ro etlela

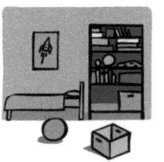

дитяча кімната

kamana ya vana

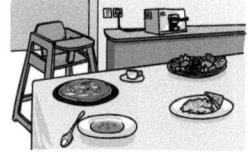

їдальня

ndhawu yo dyela

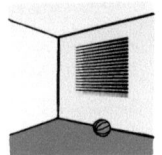

підлога

ehansi

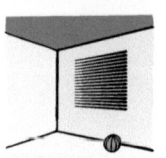

стіна

khumbi

стеля

silingi

підвал

kamera ra le hansi

сауна

phungula

балкон

rikupakupa

тераса

tshala

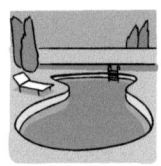

басейн

damu

косарка

muchini wo tsema byanyi

простирало

nkumba

ковдра

swo andlalela mubedo

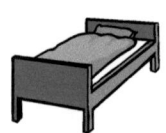

ліжко

mubedo

мітла

nkukulu

відро

bakiti

перемикач

swichi

вітальня

kamara ro tshama

шпалери
phepha ra le khumbini
малюнок
xifaniso
лампа
rivoni
поличка
xelufu
шафа
khabodo
телевізор
thelevhixini
камін
xitiko
квітка
xiluva
подушка
xikhengele
диван
sofa
ваза
mbita
пульт
xilawula-kule

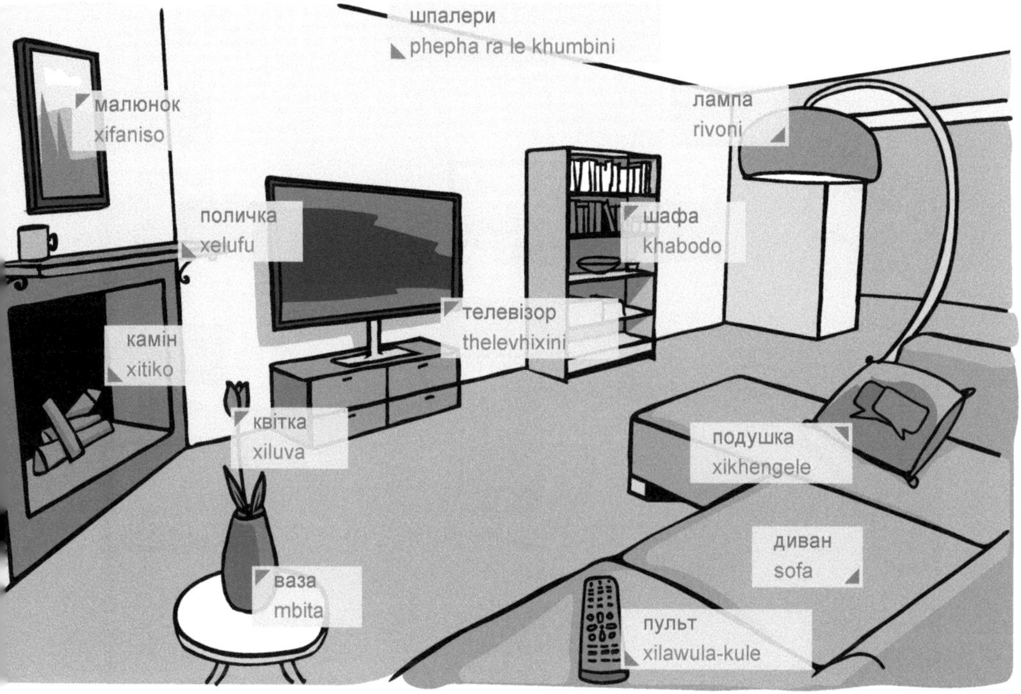

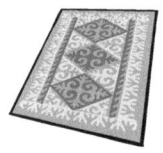

килим

khapete

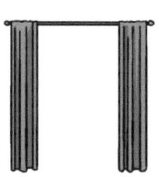

завіса

khethenisi

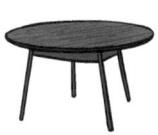

стіл

tafula

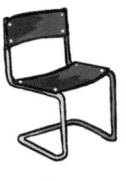

стілець

xitulu

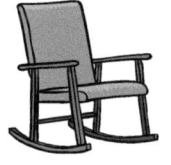

крісло-гойдалка

xitulu xo mbuwetela

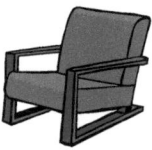

крісло

xitulu xo tlhandleka mavoko

книга

buku

ковдра

nkumba

прикраса

nkhaviso

дрова

tihunyi

фільм

filimi

стереосистема

muchini wa hi-fi

ключ

xinotlelo

газета

phepha-hungu

картина

xifaniso lexi vatliweke

плакат

bodo ya xifaniso

радіо

xiya-ni-moya

блокнот

buku yo tsala tinhla

пилосос

hoover

кактус

xiluva xa cactus

свічка

khandlela

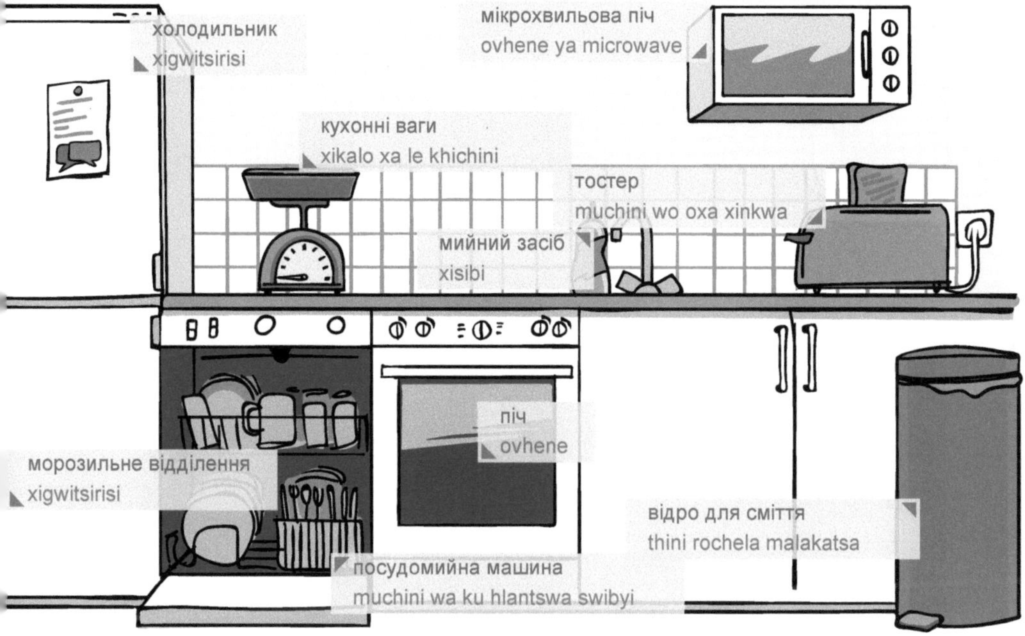

мікрохвильова піч
ovhene ya microwave

холодильник
xigwitsirisi

кухонні ваги
xikalo xa le khichini

тостер
muchini wo oxa xinkwa

мийний засіб
xisibi

піч
ovhene

морозильне відділення
xigwitsirisi

відро для сміття
thini rochela malakatsa

посудомийна машина
muchini wa ku hlantswa swibyi

плита	горщик	чавунний горщик
mosweki	poto	poto ra nsimbi
вок / кадай	сковорода	чайник
mbita yo swekela / kadai	pani	ketlele

пароварка

xo sweka hi nkahelo

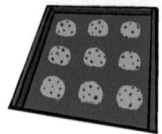

лист

thireyi ya ku baka

посуд

swibya

кухоль

xikomichana

чаша

ximbitana

палички для їжі

ti-chopstick

черпак

xipunu

лопатка

spatula

вінчик для збивання

muchini wo hlanganisa

сито

sefo

сито

xisefo

терка

xilo xo tsemelela

ступка

xibye

барбекю

nyama yo oshiwa

багаття

ndzilo

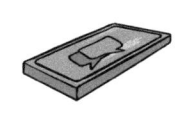

дошка

bodo ya ku tsemelela

качалка

mhandzi yo andlala fulawa

штопор

xo pfula mabodlhela

конзерва

thini

відкривачка

xo pfula mathini

прихватки

xo khoma poto

раковина

zinki

щітка

buracha

губка

xiponci

міксер

xilo lexi hlanganiselaka

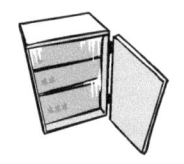

морозильна камера

xigwitsirisi

дитяча пляшка

bodlhela ra n'wana

кран

pompi

ванна кімната

kamara yo hlambela

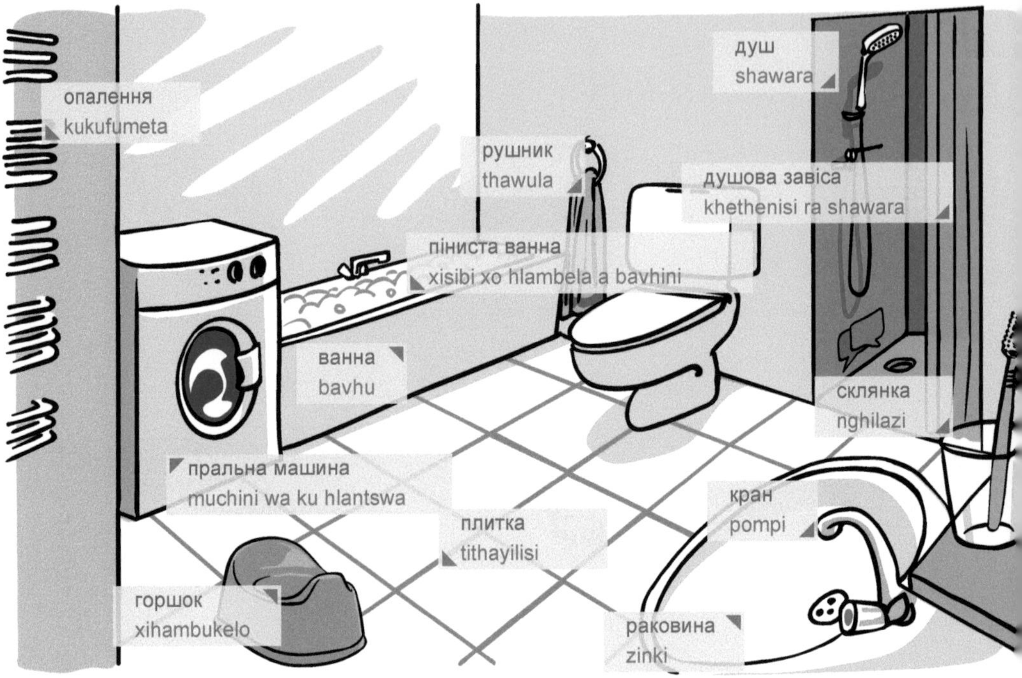

опалення
kukufumeta
рушник
thawula
душ
shawara
душова завіса
khethenisi ra shawara
пінистa ванна
xisibi xo hlambela a bavhini
ванна
bavhu
склянка
nghilazi
пральна машина
muchini wa ku hlantswa
кран
pompi
плитка
tithayilisi
горшок
xihambukelo
раковина
zinki

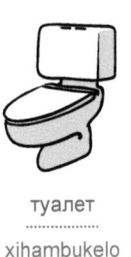

туалет

xihambukelo

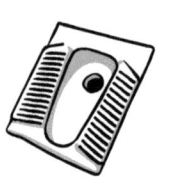

підлоговий туалет

xihambukelo

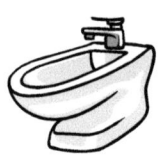

біде

bidet

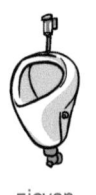

пісуар

ndhawu yo tsakamisela

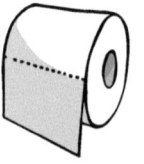

туалетний папір

papila ra xihambukelo

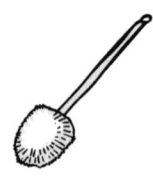

щітка для туалету

burachi bya xihambukelo

зубна щітка

burachi bya meno

зубна паста

xisibi xa meno

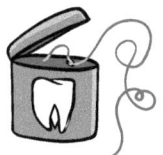

нитка для чищення зубів

xo basisa exikarhi ka meno

мити

hlamba

ручний душ

xawara yo khomiwa hivoko

інтимний душ

douche

таз

xihlambelo

щітка для спини

buracha ra nhlana

мило

xisibi

гель для душу

xisibi xa xawara

шампунь

shampoo

мочалка

swilapana

водостік

xinambyana

крем

rivomba

дезодорант

xinhuherisi

дзеркало

xivoni

косметичне дзеркало

xivoni xo khomiwa hivoko

бритва

rikarhi

піна для гоління

xisibi so susa malevu

лосьйон після гоління

mafurha ya kutola loku u heta ku tsemeta malevu

гребінь

kama

щітка

buracha

фен

muchini wo omisa mosisi

лак для волосся

mafurha yo tola mosisi

косметика

xo tisasekisa

губна помада

xotota nomo

лак для нігтів

xo tota minwala

вата

kotoni

ножиці для нігтів

xo tsema minwala

парфум

xinhuherisi

косметичка

nkwama wa le xihambukelweni

табурет

nchuluko

ваги

xikalo

халат

nguvu yo hlamba

гумові рукавички

tiglovhu ta raba

тампон

tampon

гігієнічні прокладки

thawula ra ku basisa

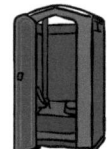

біотуалет

xihambukelo xa le handle

дитяча кімната

kamana ya vana

будильник
alamu ya wachi
м'яка іграшка
xo tlanga sa ku etlela
іграшковий автомобіль
movha ya ku tlangisa
брязкальце
xokocokoco
ляльковий будиночок
yindlu ya swipopana
подарунок
nyiko

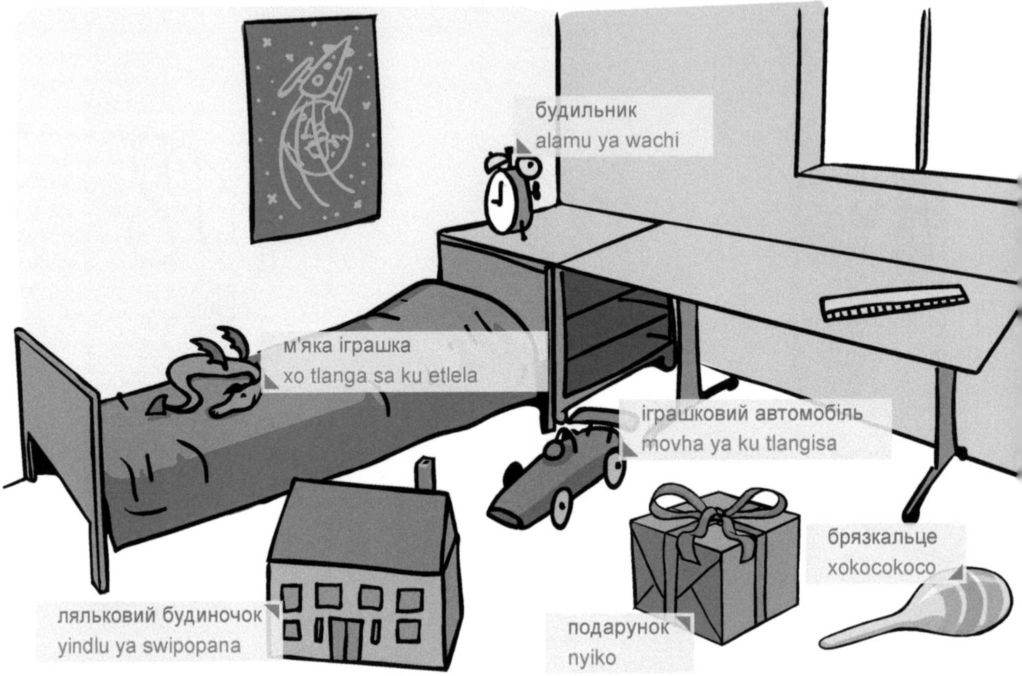

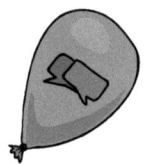

повітряна кулька

baluni

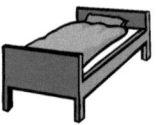

ліжко

mubedo

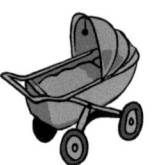

дитячий візок

pureme

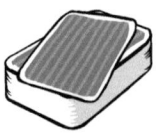

картярська гра

makhadi

пазл

jigsaw

SUPER MEGA

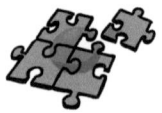

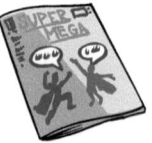

комікс

khomiki

лего цеглинки

switina swa lego

блоки

swiaki

іграшкова фігурка

xo tlanga xa vana

повзунки

swiambalo swa nwana

фризбі

Frisbee

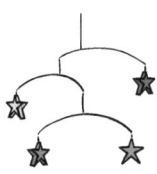

мобіле

mobile

настільна гра

ntlango wa le bodweni

кубик

dayisi

модель залізнична станція

xitimela xo tlanga

соска

xo tlangisa vana

вечірка

nkhuvo

книжка з картинками

buku ya swifaniso

м'яч

bolo

лялька

xipopana

грати

tlanga

пісочниця

khele ra sava

гойдалка

muchinginya

іграшка

swilo swo tlangisa

гральна консоль

mintlango ya vhidiyo

триколісний велосипед

xithuthuthu xa mivhilwa manharhu

плюшевий мішка

tibere to tlangisa

шафа

wadirobo

одяг

swiambalo

шкарпетки

masokisi

панчохи

masokisi

колготки

buruku byo tlimba

шарф
xikhafu

ремінь
bandhi

парасоля
ambulele

футболка
xikipa

кросівки
tintangu to tsutsuma

чоботи
tintangu

домашнє взуття
maphashana

сандалі
maphashana

взуття
tintangu

гумові чоботи
majombo ya raba

труси
maburuko ya le ndzeni

бюстгальтер
bodi

нижня сорочка
xikipa xa le ndzeni

одяг - swiambalo

боді

miri

штани

maburuko

джинси

bokati

спідниця

xiketi

блузка

bulawusi

сорочка

hembe

пуловер

jesi

светр

jazi ro fingeneta nhloko

піджак

buleyizara

куртка

baji

пальто

nghuvo

дощовик

jazi rampfula

костюм

swiambalo

сукня

swiambalo

весільна сукня

rhoko ya mucato

костюм

sudu

нічна сорочка

xiambalo xo etlela

піжама

swi ambalo swo etlela

сарі

sari

головна хустка

xikhafu

чалма

duku

бурка

burqa

кафтан

swi ambalo

абая

abaya

купальник

swiambalo swo hlambela

плавки

maburuko ya le ndzeni

шорти

buruku ro koma

тренувальний костюм

tracksuit

фартух

fasikoti

рукавички

maglilavhu

гудзик

kunupu

окуляри

manghilazi ya mahlo

браслет

sindza

ланцюг

vuhlalu

кільце

xingwaxila

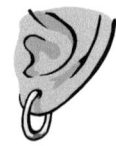

сережка

vo sasekisa tindleve

шапка

kepisi

плічка

hangara ya nghuvo

капелюх

xigqoko

краватка

thayi

застібка-блискавка

zipi

шолом

xihuku

підтяжки

minxongotelo

шкільна форма

swiambalo swa xikolo

уніформа

yunifomo

нагрудник
bibi

соска
xo tlangisa vana

підгузок
leyiri

офіс
hofisi

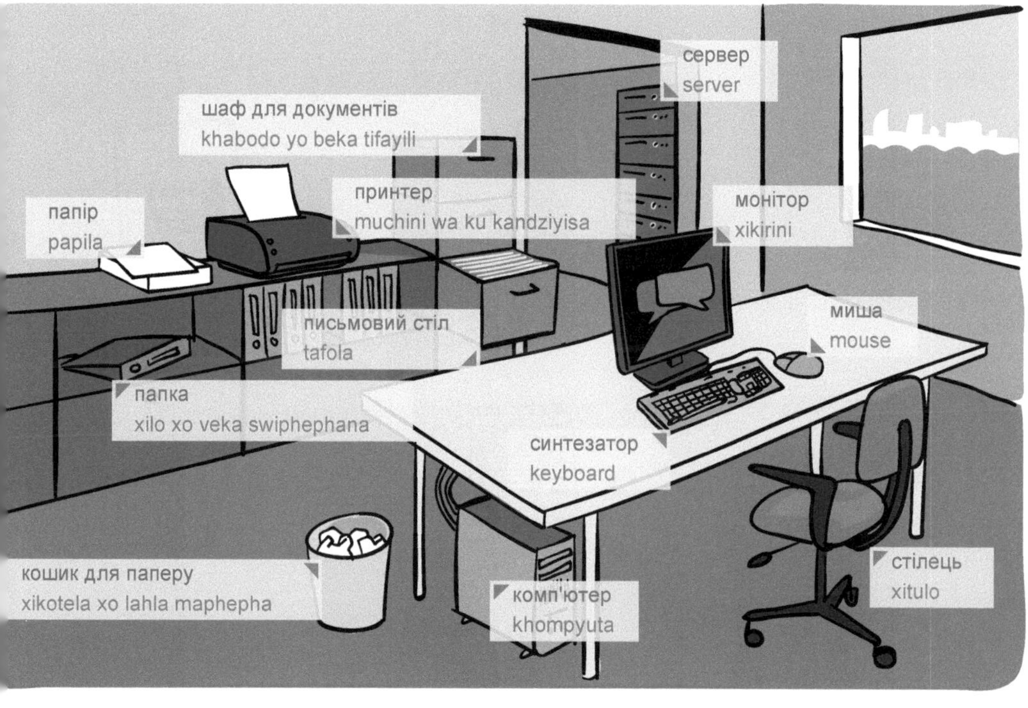

сервер
server

шаф для документів
khabodo yo beka tifayili

принтер
muchini wa ku kandziyisa

монітор
xikirini

папір
papila

письмовий стіл
tafola

миша
mouse

папка
xilo xo veka swiphephana

синтезатор
keyboard

кошик для паперу
xikotela xo lahla maphepha

комп'ютер
khompyuta

стілець
xitulo

кавовий кухоль
bikiri ra kofi

калькулятор
muchini wo hlaya

інтернет
internet

ноутбук
laptop

лист
papila

повідомлення
rungula

мобільний телефон
foni

мережа
network

копіювальний пристрій
muchini wo endla tikopi

програмне забезпечення
progreme ya khompyuta

телефон
riqingho

розетка
pulagi ya gezi

факс
muchini wo rhumela rungula

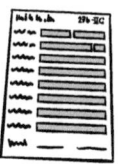

бланк
fomo

документ
papila

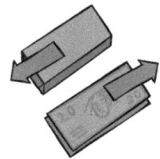

купувати

xava

платити

hakela

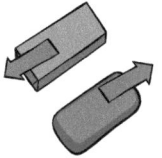

торгувати

xavisa

гроші

mali

долар

dolara

євро

euro

ієна

yen

рубль

rouble

франк

Swiss franc

юанів женьміньбі

renminb yuan

рупія

rupee

банкомат

muchini wa mali

обмінний пункт

ndhawu yo cinca mali

золото

nsuku

срібло

silivhere

нафта

mafurha

енергія

matimba

ціна

hakelo

контракт

ntwanano

податок

xibalo

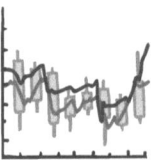

акція

nundzu ya timali

працювати

tirha

працівник

mutirhi

роботодавець

mothorhi

фабрика

fektri

магазин

xitolo

професії
mintirho

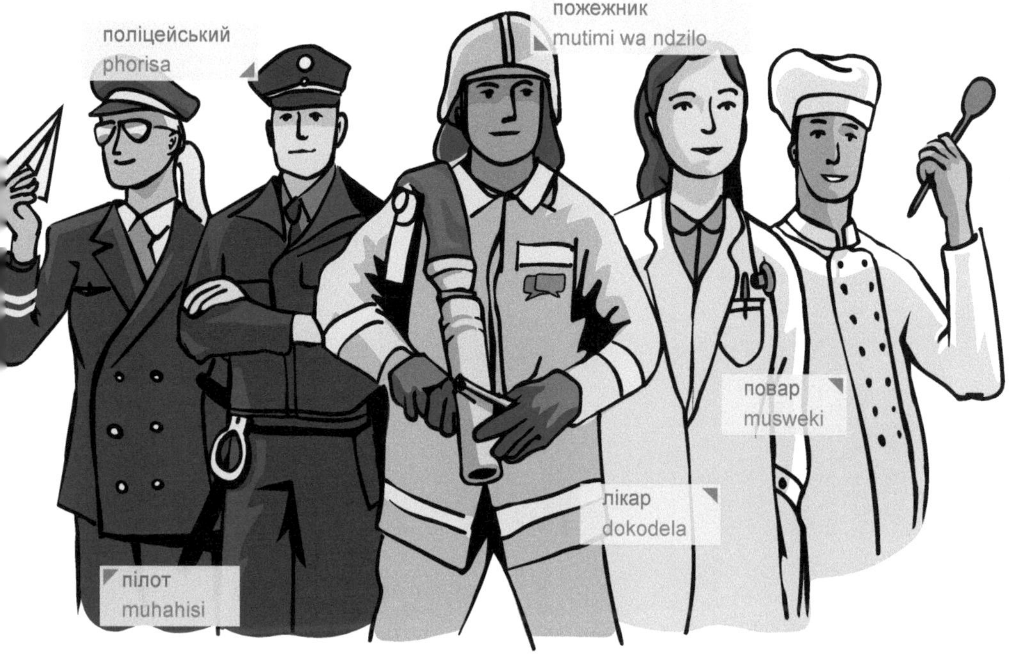

поліцейський
phorisa
пожежник
mutimi wa ndzilo
повар
musweki
лікар
dokodela
пілот
muhahisi

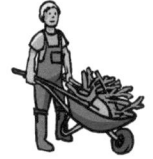

садівник

muhlayi wa ntanga

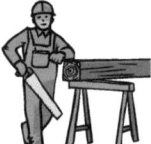

столяр

muvatli

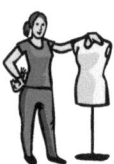

швачка

murungi

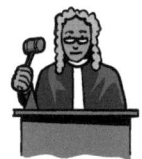

суддя

muavanyisi

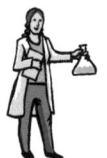

хімік

xitshunguri

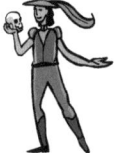

актор

mutlangi

водій автобуса

muchaeri wa tibazi

таксист

muchayeri wa thekisi

рибалка

muphasi wa tinhlampfi

прибиральниця

wansati wa ku basisa

покрівельник

mufuleri

офіціант

muphameri

мисливець

muhloti

художник

mupendi

пекар

mubaki

електрик

mutivi wagezi

будівельник

muaki

інженер

munjiniyara

забійник

muxavisi wa nyama

бляхар

muplambara

листоноша

muheleketi wa poso

солдат

socha

архітектор

mumpfampfarhuti

касир

muamukeli wa timali

флорист

muxavisi wa swiluva

перукар

mululamisi wa misisi

кондуктор

mufambisi

механік

munhu wo lungisa timovha

капітан

mulawuri

дантист

dokotela wa matinho

вчений

mutivi wa sayensi

рабин

mufundisi

імам

murhangeri

монах

nghwendza

пастор

mfundisi

інструменти
switirhisiwa

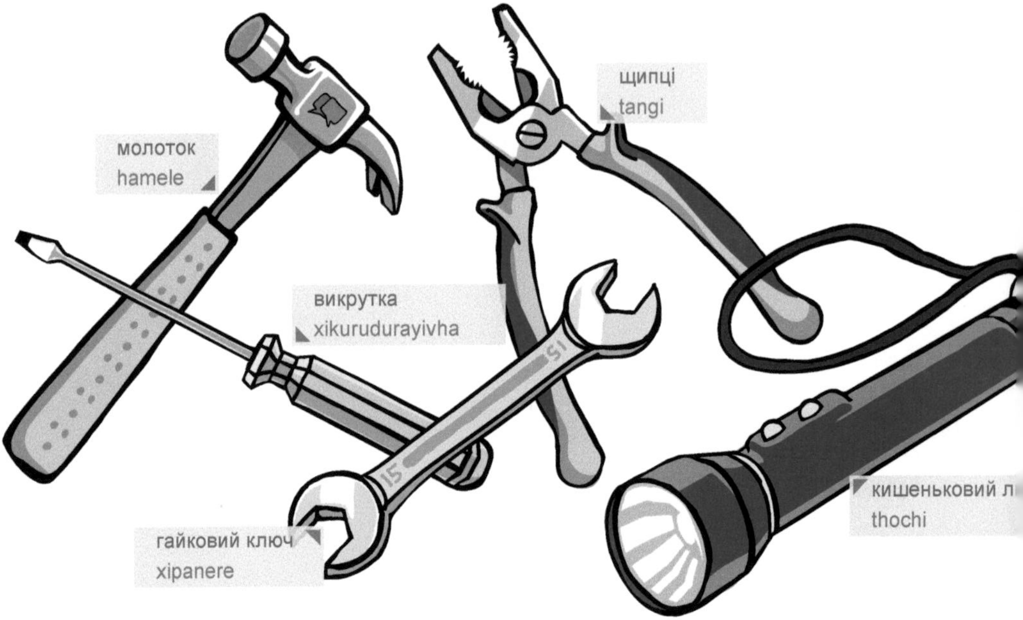
молоток
hamele
щипці
tangi
викрутка
xikurudurayivha
гайковий ключ
xipanere
кишеньковий л
thochi

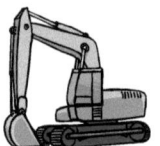

екскаватор

muchini wo cela

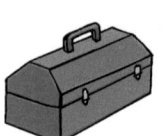

ящик для інструментів

bokisi ra switirhisiwa

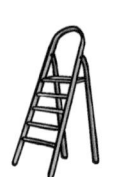

драбина

xitepisi

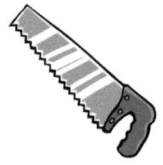

пилка

saha

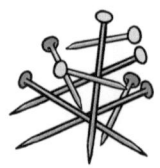

цвяхи

swipikiri

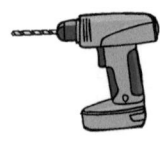

свердло

muchini wo boxa

ремонтувати

lunghisa

лопата

foxolo

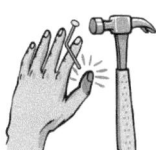

лайно!

Thyaka!

совок

nchumu wo susa ritshuri

відро з фарбою

mbita ya pende

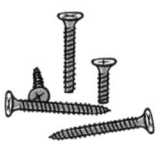

гвинти

bawuti

музичні інструменти
swichayachayana

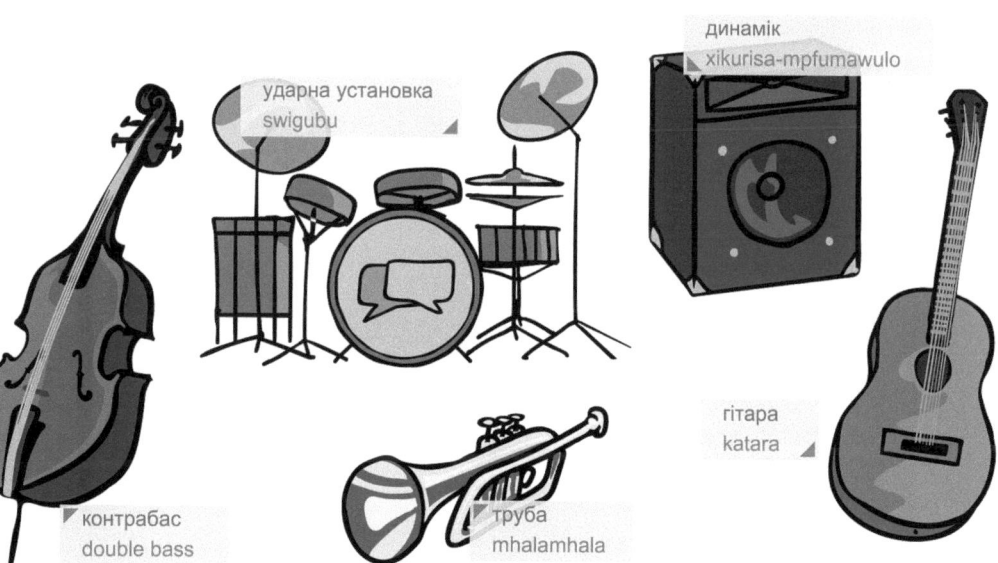

динамік
xikurisa-mpfumawulo

ударна установка
swigubu

контрабас
double bass

труба
mhalamhala

гітара
katara

фортепіано

piyano

скрипка

violin

бас

bass

литаври

timpani

барабан

xigubu

клавіатура

keyboard

саксофон

saxophone

флейта

xitiringo

мікрофон

xikurisa-marito

зоопарк

ntanga wa swiharhi

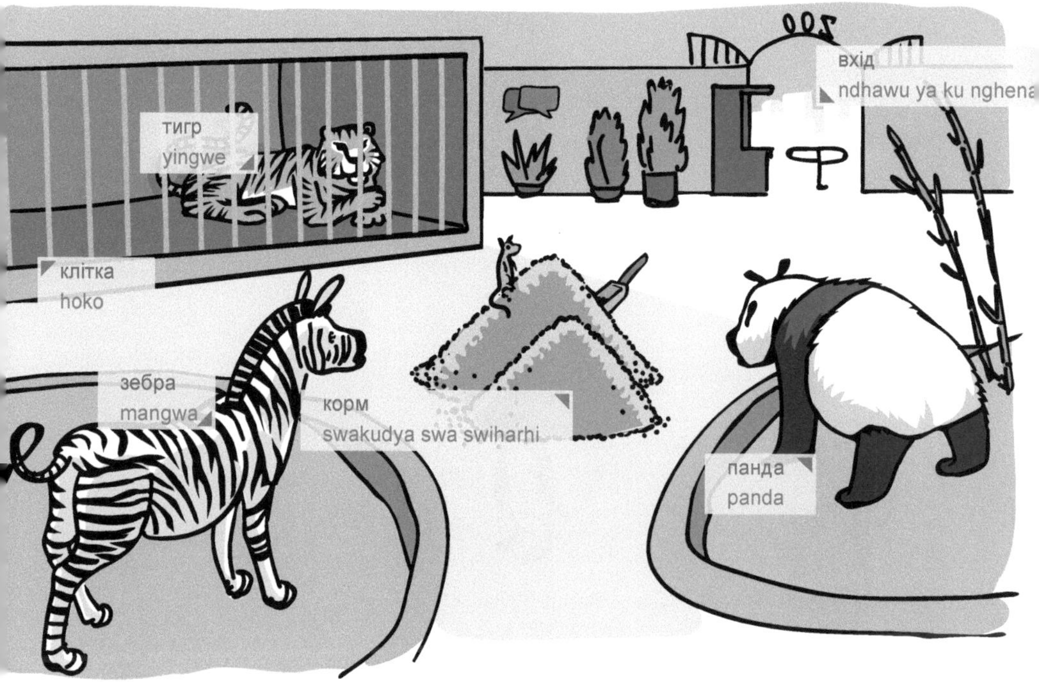

вхід
ndhawu ya ku nghena
тигр
yingwe
клітка
hoko
зебра
mangwa
корм
swakudya swa swiharhi
панда
panda

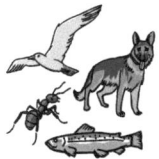

тварини

swiharhi

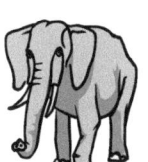

слон

ndlopfu

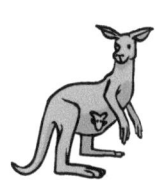

кенгуру

xinjhenghwe

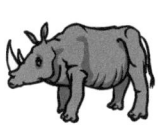

носоріг

mhelembe

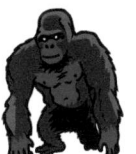

горила

gorila

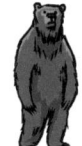

ведмідь

bere

верблюд

kamela

страус

yintsha

лев

nghala

мавпа

nkawu

фламінго

flamingo

папуга

hokwe

білий ведмідь

bere

пінгвін

penguin

акула

shaka

павич

hanti

змія

nyoka

крокодил

ngwenya

працівник зоопарку

muhlayisi wa mintanga ya
swiharhi

тюлень

seal

ягуар

jaguar

поні

hanci

леопард

yingwe

гіпопотам

mpfuvu

жираф

nhutlwa

орел

gama

кабан

ngluve ya nhova

риба

hlampfi

черепаха

mfutsu

морж

nyimpfu ya le lwandle

лисиця

mhungubye

газель

mhala

американський футбол
bolo ya le Amerika

їзда на велосипеді
kufamba hi xi kanyakanya

теніс
tennis

баскетбол
basketball

плавання
kuhlambela

бокс
ntlango wa ku bana

хокей
khororo ya le ayisini

футбол
bolo

бадмінтон
badminton

легка атлетика
mintlango

гандбол
bolo ya mavoko

лижні перегони
kureta e gambokweni

поло
polo

дії
mintirho

стрибати
tlula
обіймати
angara
сміятися
hleka
йти
famba
співати
yimbelela
мріяти
lora
молитися
khongela
цілувати
ntswontswa

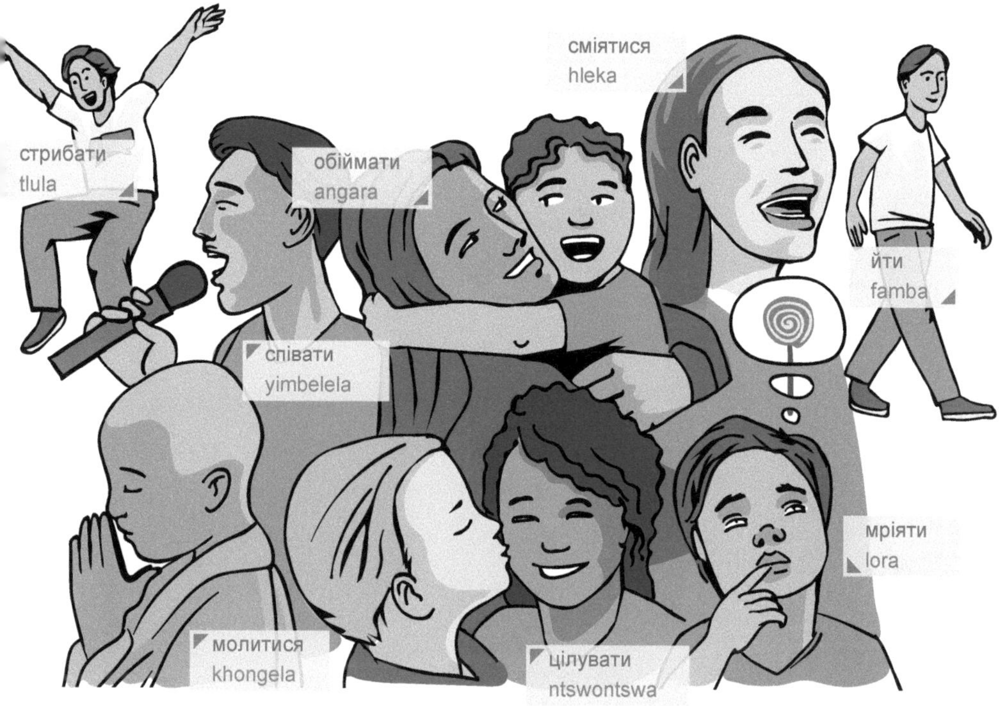

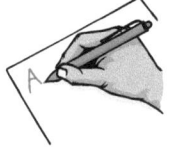

писати

tsala

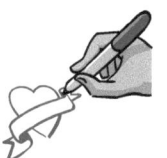

малювати

dirowa

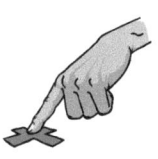

показувати

komba

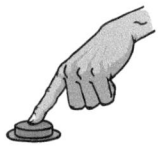

тиснути

dlidlimeta

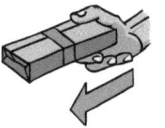

давати

nyika

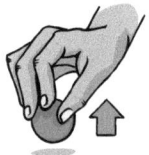

брати

teka

мати

yi va

робити

endla

бути

ku va

стояти

yima

бігати

tsutsuma

тягнути

koka

кидати

lahlela

падати

wana

лежати

hemba

очікувати

rindza

носити

rhwala

сидіти

tshama

одягати

ambala

спати

tlela

просипатися

pfuka

дивитися

languta

плакати

rila

гладити

bana

розчісувати

kama

розмовляти

vulavula

розуміти

twisisa

питати

vutisa

слухати

yingisa

пити

nwana

їсти

dyana

прибирати

basisa

любити

randza

варити

sweka

їхати

chayela

літати

haha

йти під вітрилом

tluta

рахувати

hlaya

читати

hlaya

вчитися

hlaya

працювати

tirha

одружуватися

teka

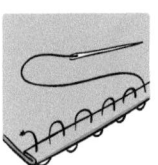

шити

rhunga

чистити зуби

kuhlamba meno

убивати

dlaya

курити

dzaha

посилати

rhumela

ся
ana wa xisati

дідуся
kokwana wa xinuna

батько
tatana

мати
mana

немовля
nwana

донька
n'wana wa nwanyana

син
n'wana wa mfana

гість

muendzi

тітка

hahani

дядько

malume

брат

makwerhu

сестра

makwrhu

тіло

miri

чоло
mombo
око
tihlo
плече
katla
палець
ritiho
обличчя
xikandza
підборіддя
xilebvu
кисть
voko
нога
nenge
груди
bele
рука
voko

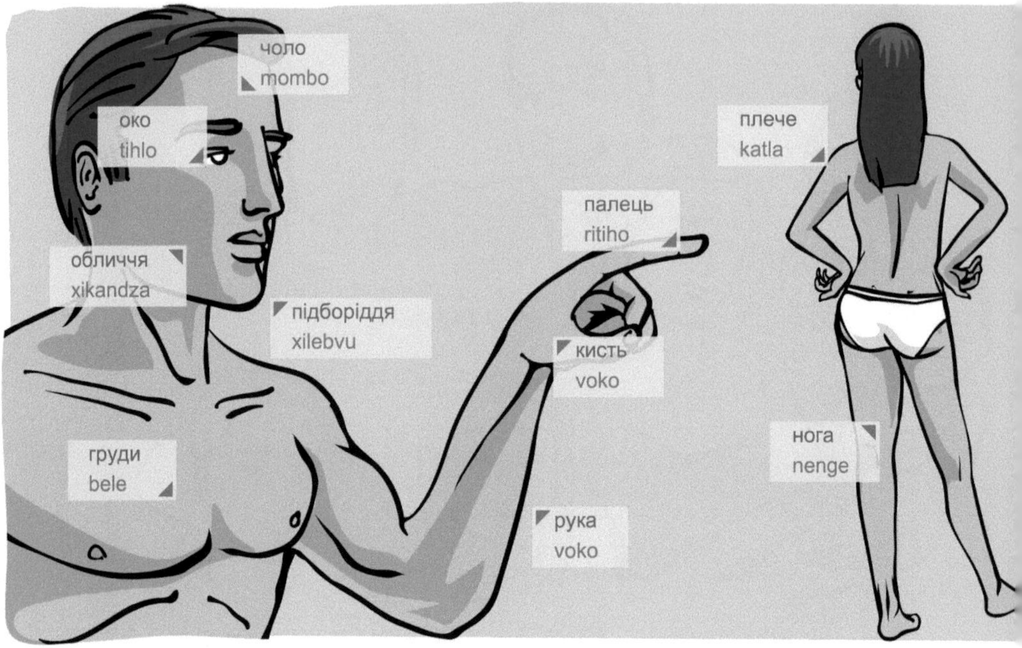

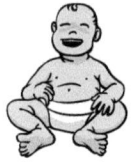

немовля

nwana

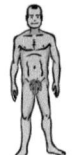

чоловік

n'wanuna

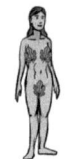

жінка

nw'ansati

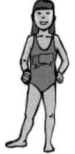

дівчина

nhwanyana

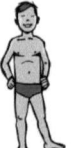

хлопчик

mfana

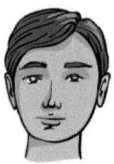

голова

nhloko

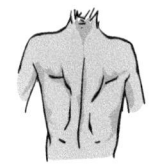

спина

nhlana

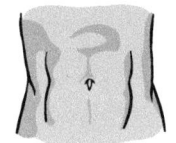

живіт

khwiri

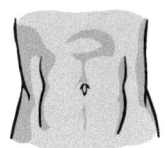

пуп

nkava

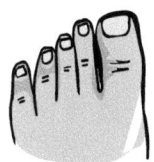

палець ноги

xikunwani

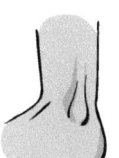

п'ята

xirhenze

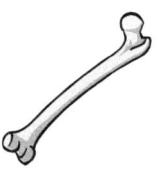

кістка

rhambu

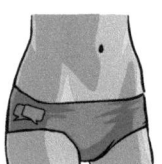

стегно

nyonga

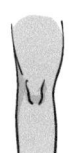

коліно

tsolo

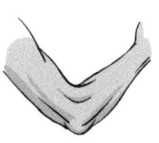

лікоть

xikokola

ніс

nompfu

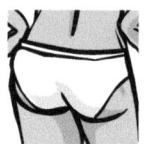

сідниці

xisuti

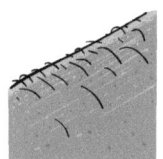

шкіра

nhlonge

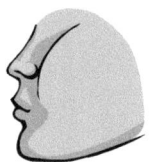

щока

rhama

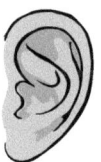

вухо

ndlebe

губа

nomu

тіло - miri

рот

nomu

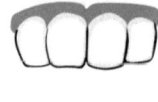

зуб

tinyo

язик

ririmi

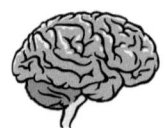

мозок

byongo

серце

mbilu

м'яз

nsiha

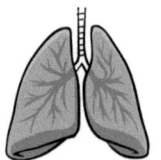

легені

hahu

печінка

vixindzi

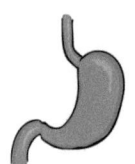

шлунок

khwiri

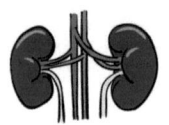

нирки

tinso

статевий акт

masangu

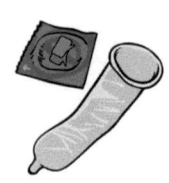

презерватив

khondomu

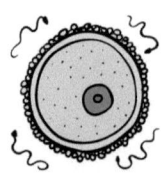

яйцеклітина

tandza

сперма

mbewu ya vununa

вагітність

nyimba

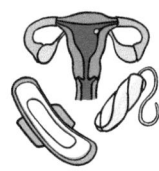

менструація

kuya enkarhini

вагіна

muhocho

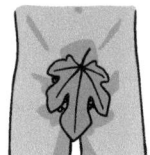

пеніс

xiluma

брова

tinxiyi

волосся

misisi

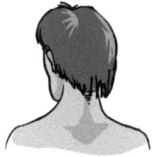

шия

nhamu

лікарня
xibedlhele

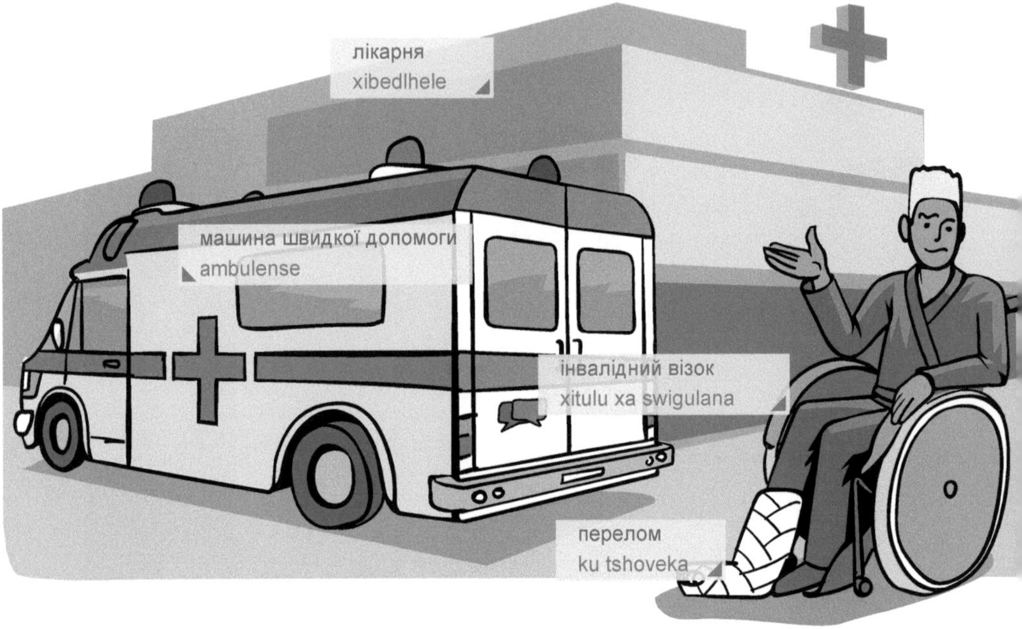

лікарня
xibedlhele
машина швидкої допомоги
ambulense
інвалідний візок
xitulu xa swigulana
перелом
ku tshoveka

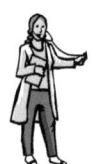

лікар

dokodela

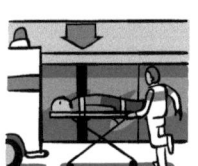

відділення швидкої медичної допомоги

kamara ra xilamulela-mhango

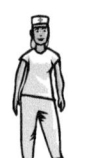

медсестра

muongori

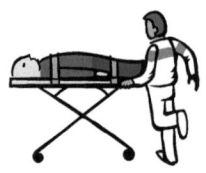

аварійний випадок

xihatla

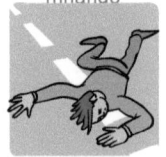

непритомний

ku titivala

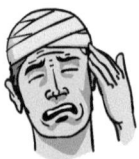

біль

kuvava

травма

ku vaviseka

кровотеча

mpfempfa ngati

інфаркт

ku hlaseriwa himbilu

інсульт

ku oma swirho

алергія

rinyenyo

кашель

khohlola

лихоманка

xifumbu

грип

mukhuhlwana

пронос

nchuluko

головна біль

ku pandza ka nhloko

рак

khensa

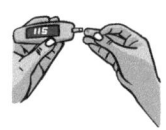

діабет

chukela

хірург

dokodela

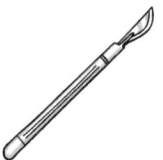

скальпель

mukwana

операція

vuhandzuri

КТ

CT

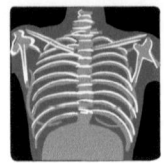

рентген

x-rheyi

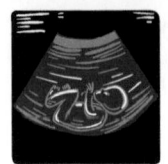

ультразвук

muchini wo yingisela
ntshuka-ntshuko

маска

xo tipfala tinhomfu

хвороба

vuvabyi

зал очікування

kamara ro rindza

милиця

nhonga

пластир

semendhe

пов'язка

bandhichi

ін'єкція

neleta

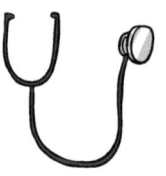

стетоскоп

muchini wa madokodela wa
ku yingisa

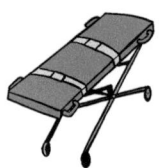

ноші

rihlaka

термометр

xipima-mahiselo

народження

ku veleka

надмірна вага

ku nyuhela

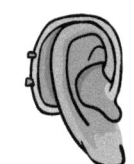

слуховий апарат

swipfuneta-ku-twa

дезінфікуючий засіб

khemikhale yo dlaya
switsongwatsongwana

інфекція

switsongwatsongwana

вірус

xitsongwatsongwana

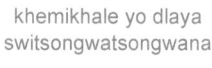

ВІЛ / СНІД

HIV / AIDS

медицина

miri

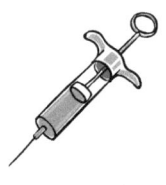

вакцинація

nayiti

таблетки

maphilisi

протизаплідна пігулка

pilisi

екстрений виклик

riqingho ra xihatla

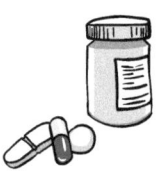

тонометр

muchini wo kamba
nsusumeto wa ngati

хворий / здоровий

vabya / hanya

Допоможіть!

Pfunani!

сигнал тривоги

bele

напад

ku hlaseriwa

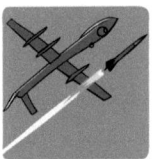

атака

hlasela

небезпека

khombo

аварійний вихід

nyangwa wo huma loko ku
ri ni mhango

Вогонь!

Ndzilo!

вогнегасник

xo tima ndzilo

аварія

mhangu

аптечка

bokisi ra xilamulela-mhango

СОС

SOS

поліція

phorisa

Європа

Yuropa

Північна Америка

Amerika N'walungu

Південна Америка

Amerika Dzonga

Африка

Afrika

Азія

Asia

Австралія

Australia

Атлантика

Atlantic

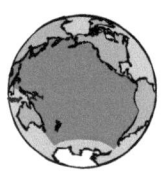

Тихий океан

Pacific

Індійський океан

Lwandle-nkulu ra Indiya

Антарктичний океан

_wandle-nkulu ra Antarctic

Північний Льодовитий
океан

Lwandle-nkulu ra Arctic

Північний полюс

North Pole

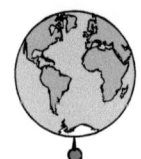

Південний полюс

South Pole

Антарктика

Antarctica

Земля

Misava

суша

tiko

море

lwandle

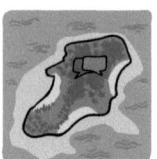

острів

xihlala

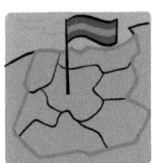

нація

rixaka

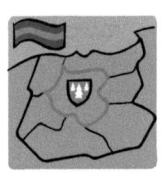

держава

tiko

циферблат

xikomba nkarhi

годинникова стрілка

xikomba-tiawara

хвилинна стрілка

xikomba-timineti

секундна стрілка

xikomba-tisekoni

Котра година?

I nkarhi muni?

день

siku

час

nkarhi

зараз

sweswi

цифровий годинник

wachi leyi tshavatelaka

хвилина

minete

година

awara

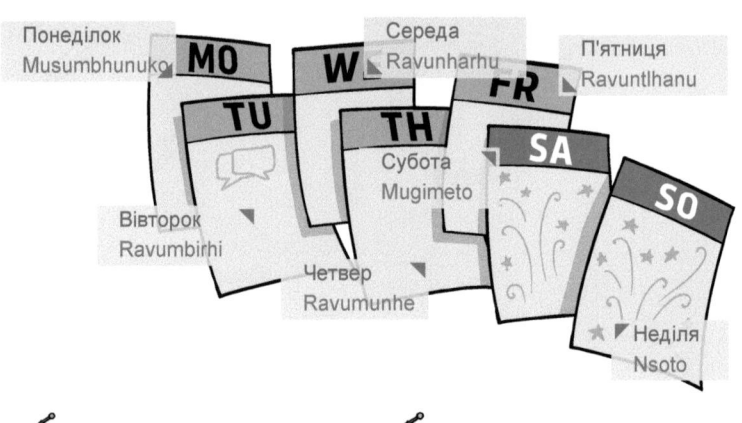

Понеділок
Musumbhunuko

Вівторок
Ravumbirhi

Середа
Ravunharhu

Четвер
Ravumunhe

П'ятниця
Ravuntlhanu

Субота
Mugimeto

Неділя
Nsoto

вчора

tolo

сьогодні

namuntlha

завтра

mundzuku

ранок

mixo

опівдні

nhlekani

вечір

madyambu

робочі дні

masiku ya ntirho

кінець робочого тижня

mahelo vhiki

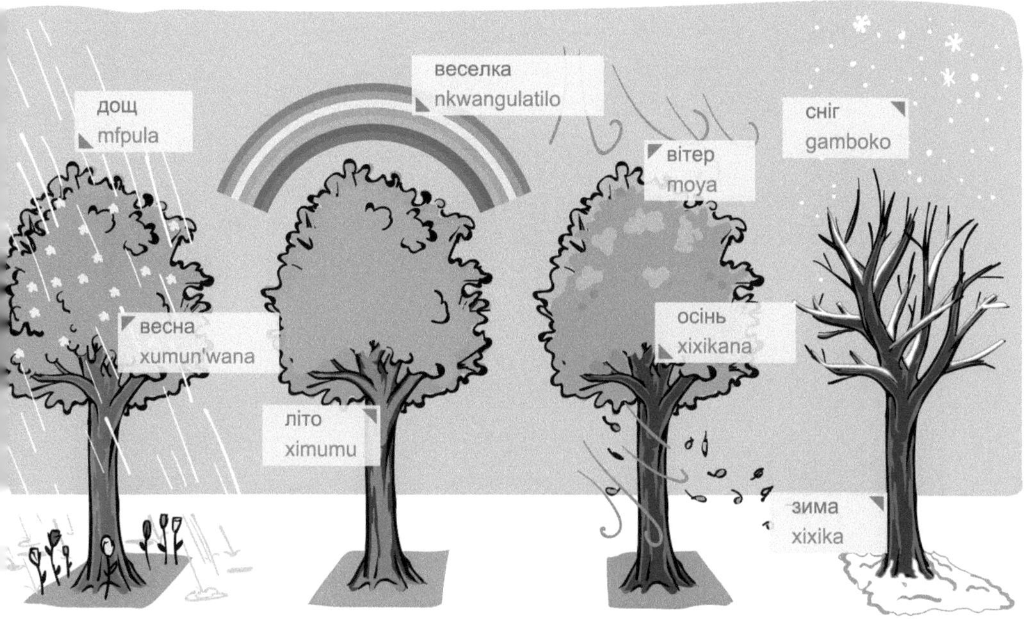

веселка
nkwangulatilo
дощ
mfpula
сніг
gamboko
вітер
moya
весна
xumun'wana
осінь
xixikana
літо
ximumu
зима
xixika

4.APRIL 11°
5.APRIL 4°
6.APRIL 13°
7.APRIL 8°
8.APRIL 10°

прогноз погоди

vumbha tamaxelo

F
C
120
90
60
30
0
-30
40
30
20
10
0
-10
-20

термометр

xipima-mahiselo

сонячне світло

dyambu

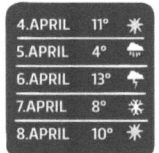

хмара

papa

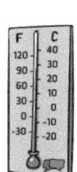

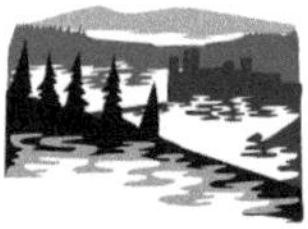

туман

hunguva

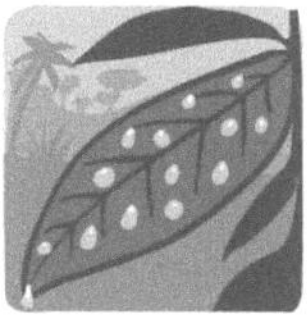

вологість повітря

kutsakama

блискавка

rihati

грім

dzindza-tilo

шторм

xidzedze

град

xihangu

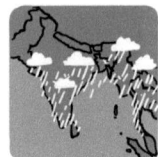

мусон

mpfula

повінь

ndhambi

лід

ayisi

Січень

Sunguti

Лютий

Nyenyenyana

Березень

Nyenyankulu

Квітень

Dzivamusoko

Травень

Mudyaxihi

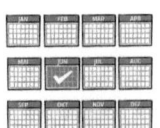

Червень

Khotavuxika

Липень

Mawuwani

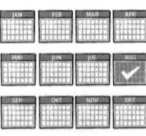

Серпень

Mhawuri

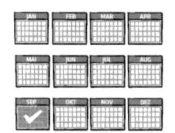

Вересень
....
Ndzhati

Жовтень
....
Nhlangula

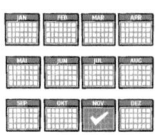

Листопад
....
Hukuri

Грудень
....
N'wendzamhala

круг
....
xirendzevutana

квадрат
....
xikwere

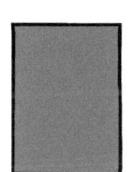

прямокутник
....
matlhelo ya mune

трикутник
....
xivunguvungu xa tintlha
tinharhu

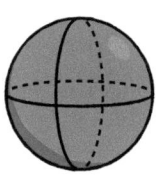

куля
....
bolo

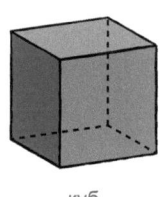

куб
....
cube

білий

basa

жовтий

xitshopana

помаранчевий

lamula

рожевий

tshwukanyana

червоний

tshwuka

фіолетовий

xigunguvungu

синій

wasi

зелений

rihlaza

коричневий

buraweni

сірий

mpunga

чорний

ntima

багато / мало

swo tala / swi tsongo

лютий / мирний

hlundzukile / rhurile

гарний / бридкий

sasekile / bihile

початок / кінець

masungulo / makumo

великий / малий

kulu / tsongo

світлий / темний

vangama / munyama

брат / сестра

buti / sesi

чистий / брудний

basile / chakile

завершений /
незавершений
helerile / helelangiki

день / ніч

siku / vusiku

мертвий / живий

file / hanyaka

широкий / вузький

pfulekile / pfalekile

їстівний / неїстівний

swa dyiwa / a swi dyiwi

злий / дружній

homboloka / lunghile

збуджений / нудьгуючий

tsakile / phirekile

товстий / тонкий

nyuhela / lala

спочатку / востаннє

masungulo / makumo

друг / ворог

mungana / nala

повний / порожній

tele / hava

жорсткий / м'який

tiyile / olova

важкий / легкий

tika / vevuka

голод / спрага

ndlala / torha

хворий / здоровий

vabya / hanya

незаконний / законний

swi ngariki enawini / enawini

розумний / дурний

tlharihile / xiphukuphuku

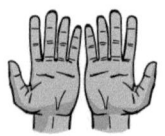

вліво / вправо

ximati / xinene

поруч / далеко

akusuhi / kule

новий / використаний

yintshwa / tirhisiwile

нічого / щось

hava / xin'wana

старий / молодий

dyuharile / muntshwa

вкл / викл

xarirha / xitimile

відкрито / закрито

pfurile / pfariwile

тихо / гучно

myerile / huwa

багатий / бідний

fuwile / xisiwana

правильно / неправильно

swinene / bihile

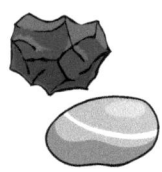

шорсткий / гладкий

khwasha / reta

сумний / щасливий

vaviseka / tsaka

короткий / довгий

koma / leha

повільно / швидко

hlwela / hatlisa

вологий / сухий

tsakama / oma

гарячий / холодний

kufumela / titimela

війна / мир

nyimpi / kurhula

0	**1**	**2**
нуль	один	два
noto	n'we	mbirhi
3	**4**	**5**
три	чотири	п'ять
nharhu	mune	ntlhanu
6	**7**	**8**
шість	сім	вісім
ntsevu	nkombo	nhungu
9	**10**	**11**
дев'ять	десять	одинадцять
nkaye	khume	khume n'we

12

дванадцять

khume mbirhi

13

тринадцять

khume nharhu

14

чотирнадцять

khume mune

15

п'ятнадцять

khume ntlhanu

16

шістнадцять

khume ntsevu

17

сімнадцять

khumbe nkombo

18

вісімнадцять

khume nhungu

19

дев'ятнадцять

khume nkaye

20

двадцять

makhume mambirhi

100

сто

dzana

1.000

тисяча

gidi

1.000.000

мільйон

gidi ya magidi

англійська

Xinghezi

американська англійська

Xinghezi xa Amerika

китайська
височиновницька

Xichayina xa Mandarin

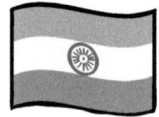

хінді

Xihindi

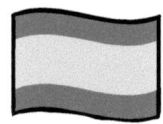

іспанська

Xipaniya

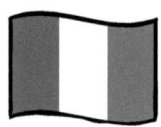

французька

Xifurwa

арабська

Xiarabu

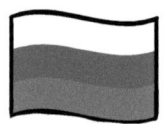

російська

Xirhaxiya

португальська

Xiputukezi

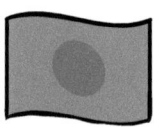

бенгальська

Xibengali

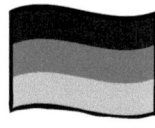

німецька

Xijarimani

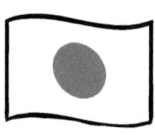

японська

Xijapani

я

mina

ти

wena

він / вона / воно

yena / yena / xona

ми

hina

ви

n'wina

вони

vona

хто?

mani?

що?

yini?

як?

njhani?

де?

kwihi?

коли?

rhini?

ім'я

vito

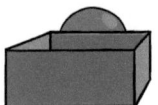

ззаду

endzaku

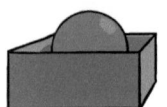

в

ahehla

перед

emahlweni a

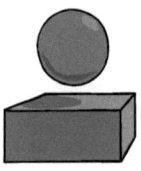

над

ahenhla ka

на

eka

під

ehansi

біля

handle ka

між

exikarhi ka

місце

ndhawu